Das große Inpaint Kompendium

Schnell und einfach
Objekte aus Bildern entfernen.

4. Auflage
ab Inpaint Version 6.1

Markus Fatalin

dadagoo publishing

1. Vorwort

Das Grafikprogramm Inpaint wurde entwickelt, um schnell und einfach beliebige Objekte aus Bildern zu entfernen. Mittlerweile in Version 6.1 erhältlich, gehört Inpaint zu den weltweit führenden Programmen zur Objektentfernung.

Mit Inpaint 6 wurde die Benutzeroberfläche noch einmal aufgeräumt und ist jetzt noch übersichtlicher geworden. Neue Funktionen und ein nochmals verbesserter Algorithmus zur Objekt-Entfernung machen Inpaint 6 zum schnellsten und besten Inpaint aller Zeiten.

Wie das Inpaint Programm, so wird auch dieses Buch kontinuierlich weiterentwickelt. Mit bewährter Didaktik und verständlichen Beispielen zeigt Ihnen auch diese überarbeitete 4. Auflage von »*Das große Inpaint Kompendium*«, wie Sie Objekte wie Personen, Tiere, Gebäude und Ähnliches mit Inpaint aus Fotos und Bildern entfernen können.

In 7 einfachen, aufeinander aufbauenden Lektionen, werden Sie Schritt-für-Schritt mit der Arbeitsweise von Inpaint vertraut gemacht. Selbst Leser mit weniger Erfahrung werden sich schnell zurechtfinden und können bereits nach wenigen Minuten eigene Objekte aus Fotos entfernen.

Hinweis zu Ihren ersten Schritten: Der einfachste Weg, eine neue Software beherrschen zu lernen, ist mit ihr zu arbeiten. Aus diesem Grund können Sie alle Beispielfotos der Lektionen dieses Buch (jeweils vorher und nachher) downloaden. Die Download-Adresse finden Sie Kapitel 8 „Inpaint Ressourcen im Internet", am Ende dieses Buchs.

Die Erfahrung zeigt, dass Sie für Ihre ersten Schritte in Inpaint unbedingt mit den Beispielfotos arbeiten sollten. So können Sie die einzelnen Arbeitsschritte des Buchs schnell und einfach nachgehen und sind rasch mit Inpaint vertraut. Anschließend sind Sie sehr gut vorbereitet auch beliebige Objekte auch aus Ihren Fotos zu entfernen.

Diese Auflage von »Das große Inpaint Kompendium« basiert auf der Inpaint Version 6.1 für Windows.

Sollten Sie eine andere Inpaint Version installiert haben, können die im Buch gezeigten Screenshots eventuell von Ihrer lokalen Darstellung abweichen.

Hinweis zu Mac OS: Die Bedienung der Mac OS Version von Inpaint unterscheidet sich nicht wesentlich von der entsprechenden Windows Version. Lediglich die Bereiche, die durch das Betriebssystem gesteuert werden (zum Beispiel Öffnen/Speichern von Dateien) sind etwas anders. Auch wenn dieses Buch mit der Windows Version von Inpaint erstellt wurde, können Sie es ohne Probleme auch für die Mac OS Version von Inpaint verwenden.

Markus Fatalin
September 2014

2. Über den Autor

 Markus Fatalin (*1968), Autor zahlreicher Fachbücher über Computer Software, arbeitete über 10 Jahre als Programmierer und Projektmanager für einem großen europäischen Konsumgüterhersteller, bevor er 1998 in den Vertrieb eines Internet Service Provider wechselte.

Anfang 2000 gründete er die europäische Niederlassung des amerikanischen Software Herstellers InterVideo und etablierte WinDVD als führende DVD Playback Lösung in Europa. Von 2002 bis 2007 leitete er den deutschen und europäischen OEM-Vertrieb von CyberLink und später von Sonic Solutions – Roxio. Im Jahr 2006 gründete er zusammen mit einem Partner die dadagoo GmbH.

4. Auflage
© 2014 Markus Fatalin

dadagoo publishing

Inhalt

---

3. Einführung in Inpaint

Wenn ein Objekt in einem Bild entfernt wird, muss der Bereich in dem Bild, an dem sich vorher das ausgeschnittene Objekt befand, mit anderen Inhalten gefüllt werden.

Inpaint „erfindet" keine Inhalte, um gelöschte Objekte zu ersetzten. Stattdessen berechnet Inpaint diese Flächen basierend auf Inhalten aus den Bereichen, die um das ausgeschnittene Objekt liegen, oder aus Bereichen, die von Ihnen spezifiziert werden. Ein einfaches Beispiel soll das verdeutlichen.

Stellen Sie das Bild einer weißen Wand vor. Auf dieser Wand hängt eine kleine Stubenfliege und stört Ihren Blick. Diese Fliege muss weg – zumindest aus dem Bild.

Um die Fliege aus dem Bild zu entfernen, berechnet Inpaint die neuen Bildteile aus den umliegenden Bereichen. Sind alle umliegenden Bereiche einfarbig, reicht es aus, einen anderen Wandausschnitt über den Bereich mit der Fliege zu kopieren. Die Fliege wäre verschwunden.

Es ist sehr einfach Objekte zu entfernen, die vor einfarbigen Hintergründen stehen. Dies kann man in der Regel in einem Arbeitsschritt erledigen.

Ist der Hintergrund mehrfarbig oder weist gewisse Strukturen auf, ist die Berechnung bereits etwas komplizierter, stellt aber dennoch kein Problem dar. Im nachfolgenden Beispiel wird ein Teil des Kondensstreifens gelöscht.

Komplizierter ist hingegen das entfernen von Objekten, die vor komplexeren Hintergründen stehen. In diesen Fällen muss das Entfernen des Objektes eventuell in einzelnen Teilschritten erfolgen, je nach Komplexität oder Struktur des jeweiligen Hintergrunds.

Einige Beispiele für komplexe Hintergründe sind:

 Unterschiedliche Hintergründe rechts / links des Obejektes, das ausgeschnitten werden soll.

 Strukturierte Hintergründe (z. B. Kacheln) oder Spiegelungen.

 Übergang zwischen verschiedenen Hintergrundstrukturen (z. B. Himmel,Gebäude, Landschaft etc.).

 Wiese mit unterschiedlicher Struktur und Bepflanzung.

Komplexe Hintergründe erfordern meist mehrere Arbeitsschritte, in denen man sich dem optimalen Ergebnis annähert. Ist der Hintergrund in einem Bild jedoch sehr komplex, kann man sich dies auch zunutze machen. In diesem Fall fallen kleine Abweichungen des „neuen" Bildabschnitts weniger, bzw. gar nicht auf und werden oft für echte Bestandteile des Bildes gehalten.

Das nachfolgende Beispiel, in dem die beiden unscharfen Fische (links) entfernt wurden, zeigt dies deutlich.

Original

Inpaint

Gerade bei komplexen Motiven muss die Arbeit in kleine Schritte aufgeteilt werden. Dann sind mit Inpaint hervorragende Ergebnisse einfach möglich.

4. Neue Funktionen in Inpaint 6

Es ist immer schwierig, etwas Gutes zu verbessern. Aus diesem Grund finden sich auch die wichtigsten Änderungen von Inpaint 6 verborgen im Inneren des Programms.

Hierzu zählen zum Beispiel:
- Verbesserungen am zentralen Inpaint-Algorithmus
- Unterstützung für HiDPI und Retina-Displays (dadurch wird das Programm auch bei Veränderung der jeweiligen Anzeigen-DPI korrekt dargestellt).
- Bessere Programmstabilität und Speichernutzung.

Auch wurde die Benutzeroberfläche von Inpaint aktualisiert, wodurch die Bedienung noch intuitiver wird. Näheres hierzu finden Sie im nächsten Kapitel, in dem die Benutzeroberfläche von Inpaint 6 vorgestellt wird.

Richtig praktisch ist die neue Methode zum Verschieben des Bildausschnitts. Wenn Sie ein Bild so vergrößert haben, dass nur noch ein Teil des Bildes angezeigt wird, konnten Sie den Bildausschnitt nur durch die Rollbalken rechts und unten verschieben.

Hier hilft die neue Verschieben-Funktion. Wenn Sie die Leertaste gedrückt halten, können Sie mir der linken Maustaste den aktuellen Bildausschnitt verschieben, ohne dass dabei neue Markierungen gesetzt oder entfernt werden.

Eine weitere Neuerung ist die Möglichkeit, den von Inpaint automatisch gesetzten Kopierbereich (grüner Bereich) auf einmal zu löschen. Dies ist immer dann wichtig, wenn Sie viele kleine Entfernung vornehmen und den Kopierbereich in jedem Fall manuell setzten möchten. Drücken Sie einfach auf die Tastenkombination Umschalten + Entfernen (Shift+Del), um die durch Inpaint automatisch gesetzte Markierung des Kopierbereichs zu entfernen.

Anwender, die Inpaint regelmäßig nutzen, werden sich auch über die Liste der kürzlich bearbeiteten Dateien freuen, die nun auch Bestandteil des Dateidialogs von Inpaint ist.

Das neue Inpaint 6 stellt in Bezug auf Geschwindigkeit und Ergebnis der Objekt-Entfernung alle früheren Inpaint Versionen in den Schatten. Es ist das umfangreichste und beste Inpaint aller Zeiten.

5. Die Benutzeroberfläche von Inpaint 6

Nachdem Sie Inpaint 6 gestartet haben, erscheint eine leere Benutzeroberfläche. Diese Benutzeroberfläche besteht aus vier Bereichen (zur Verdeutlichung einzelner Bereiche wurde ein Testbild geöffnet, da die Werkzeugleiste 2 erst nach Laden eines Bildes angezeigt wird):

- Arbeitsbereich (A)
- Werkzeugleiste 1 (B)
- Werkzeugleiste 2 (C)
- Menüleiste (D)

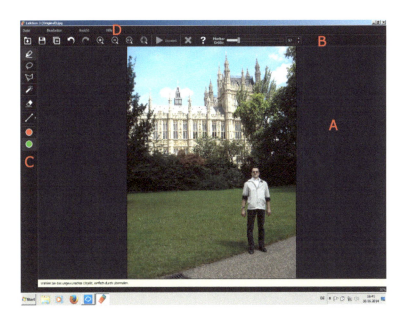

Am oberen Bildrand befinden sich die Menüleiste (D) und die Werkzeugleiste 1 (B). Auf der linken Bildschirmseite befindet sich die Werkzeugleiste 2 (C), die nur angezeigt wird, wenn ein Bild geladen ist.

Hier wählen Sie die entsprechende Bearbeitungsfunktionen aus, die sie verwenden möchten. Der untere Bereich (A) ist der Arbeitsbereich von Inpaint, in dem Sie die Bilder bearbeiten.

Die Werkzeug- und Menüleisten gliedern sich in unterschiedliche Bereiche:

Die Menüleiste

A   Mit diesem Menüpunkt wählen Sie den Datei öffnen/speichern Dialog und beenden das Programm.

B   Der Menüpunkt *Bearbeiten* ermöglicht es die letzten Schritte zu widerrufen bzw. wiederherzustellen und die Auswahlmasken zu laden bzw. zu speichern. Hier werden auch die grundsätzlichen Programm-Einstellungen vorgenommen.

C   Unter *Ansicht* stellen Sie die Vergrößerung / Verkleinerung des Bildausschnittes ein.

D   Über den Menüpunkt *Hilfe* können Sie die den Support-Bereich der Inpaint.de Webseite aufrufen und finden die Versionsnummer Ihrer installierten Inpaint Version. Hier geben Sie auch Ihre Inpaint Serien-Nummer ein.

11

Die Werkzeugleiste 1

Die Werkzeugleiste 1 wird nur angezeigt, wenn Sie ein Bild in Inpaint geladen haben.

A B C D E F G H I J K L M

A   Öffnen eines Bildes zur Bearbeitung mit Inpaint.

B   Speichert das aktuelle Bild.

C   Zeigt das Originalbild.

D   Die letzte Aktion widerrufen.

E   Letzte widerrufene Aktion wiederherstellen.

F   Vergrößert den Bildausschnitt (funktioniert auch mit dem Mausrad).

G   Verkleinert den Bildausschnitt (funktioniert auch mit dem Mausrad).

H   Zeigt das Bild mit 100% Größe (Normalansicht) an.

I   Vergrößert/verkleinert das Bild so, das es vollständig im Arbeitsbereich angezeigt wird.

J   Startet den Inpaint Vorgang.

K   Löscht die gesetzten Markierungen.

L   Aufruf der Supportseite auf www.Inpaint.de.

M   Ändert die Größe des Inpaint und Radierer-Werkzeugs.

Die Werkzeugleiste 2

Wie die Werkzeugleiste 1, wird auch die auf der linken Seite befindliche Werkzeugleiste 2 nur dann angezeigt, wenn Sie ein Bild geladen haben.

A	Inpaint-Markierungswerkzeug	
B	Lasso-Markierungswerkzeug	
C	Polygon-Markierungswerkzeug	
D	Zauberstab-Werkzeug	
E	Radierer-Werkzeug	
F	Hilfslinien-Werkzeug	
G	Markierungsbereich setzen/löschen	
H	Kopierbereich setzen/löschen	

Je nachdem, ob Sie die grüne oder rote Schaltfläche gewählt haben, können Sie mit den Markierungswerkzeugen (A-C) entweder den Markierungsbereich oder den Kopierbereich definieren.

Sie können beide Bereiche auch nachträglich ändern. Wie die einzelnen Werkzeuge verwendet werden, erfahren Sie im nächsten Kapitel.

Lektion 1: Ersten Schritte – Objekte markieren

Um ein Foto zur Bearbeitung in Inpaint zu laden, gibt es zwei Möglichkeiten:

1.   Sie ziehen das Bild aus dem Windows Explorer auf die Arbeitsfläche von Inpaint.

2.   Sie drücken auf die Schaltfläche ▣ (Datei öffnen) und wählen das entsprechende Bild.

Das Bild wird nun in der normalen Ansicht angezeigt. Sollte es dadurch zu groß für den gesamten Bildschirm sein, drücken Sie auf die Schaltfläche ▣ (Zoom -), bis Sie das gesamte Bild angezeigt bekommen oder auf die Schaltfläche ▣, um das Bild direkt in Bildschirmgröße zu sehen. In dieser Lektion wird mit dem folgenden Beispielbild gearbeitet:

Im Bild sehen Sie eine gelbe Plastikente.

Diese Ente eignet sich hervorragend, um die ersten Schritte mit Ihrem Inpaint durchzuführen.

Inpaint kennt 3 Methoden ein Objekt, das entfernt werden soll, zu markieren. Hierzu wählen Sie die entsprechende Methode in der linken Werkzeugleiste.

Das Inpaint Markierungswerkzeug

Dieses Werkzeug ist die Standard-Methode um Objekte in Inpaint zu markieren. Dabei werden nur die Bereiche, die Sie mit dem Markierungswerkzeug markieren, entfernt. Andere Bereiche des Bildes bleiben unverändert.

Das Inpaint Lasso

Dieses neue Werkzeug ermöglicht es einen Bereich eines Bildes zu umranden und damit die gesamte Fläche, innerhalb des umrandeten Bereichs, zu markieren.

Das Polygon-Markierungswerkzeug

Mit dem Werkzeug zur Polygon-Markierung setzten Sie einzelne Markierungspunkte um ein Objekt, um dieses zu begrenzen und markieren dabei den gesamten Bereich innerhalb der Markierungspunkte (nachdem die Markierung zum Ausgangspunkt geschlossen wurde).

Im Folgenden werden die einzelnen Markierungsmethoden im Detail vorgestellt. In den späteren Lektionen wird dabei überwiegend mit dem Inpaint Markierungswerkzeug gearbeitet.

Objekte mit dem Inpaint Markierungswerkzeug markieren

Wählen Sie in der Werkzeugleiste 2 das Inpaint Markierungswerkzeug. Drücken Sie dafür auf ![icon]. Um die Ente leichter aus dem Bild zu entfernen, sollten Sie den Bildausschnitt vergrößern. Drücken Sie hierfür auf die Schaltfläche ![icon] oder bewegen Sie Ihr Mausrad entsprechend.

Sollte die Ente dabei aus dem Bearbeitungsbereich herausfallen, bewegen Sie die Bildlaufleisten rechts/unten entsprechend oder halten Sie die Leertaste gedrückt, während Sie mit der linken Maustaste den Bildausschnitt verschieben.

Nun drücken Sie auf der Werkzeugleiste das Symbol ![icon] (Markierungswerkzeug). Anschließend können Sie über den Schieberegler in der Werkzeugleiste 1 die Größe des Werkzeugs einstellen.

Diese können Sie auch durch Eingabe eines numerischen Wertes in das Feld neben dem Schieberegler eintragen.

Alternativ können Sie auch auf die hoch/runter Pfeile neben dem Eingabefeld drücken, um die Werkzeuggröße in 1er-Schritten zu ändern, oder durch drücken auf die Tasten [bzw.] die Werkzeuggröße in 10er-Schritten verändern.

Markieren Sie nun mit der Maus die gelbe Ente. Vergessen Sie dabei nicht auch den Schatten auf dem Wasser zu markieren. Sie können jederzeit absetzen, die linke Maustaste loslassen und einen anderen Bereich markieren.

Alle Bereiche, die Sie entfernen wollen, müssen rot markiert sein. Beim Inpaint Markierungswerkzeug ist es nicht ausreichend nur einen Umriss, um das zu entfernende Objekte zu ziehen.

Falsch: *Die zu entfernenden Objekte wurden nur umrandet. Diese Vorgehensweise kann nur bei der Auswahl mit dem Lasso- oder dem Polygon-Werkzeug verwendet werden.*

Richtig: *Alle zu entfernenden Teile bzw. Objekte wurden vollständig rot markiert.*

Die rot markierte Fläche wird als „Markierungsbereich" oder auch „Maske" bezeichnet.

Nachdem Sie das zu entfernende Objekt markiert haben, sehen Sie einen grünen Bereich um Ihren Markierungsbereich. Dieser grüne Bereich ist der sogenannte Kopierbereich. Aus diesem Bereich werden die Bildteile errechnet, die an die Stelle des ausgeschnittenen Objekts eingefügt werden.

Markierungsbereich
(Maske)

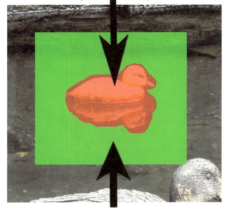

Kopierbereich

Der Kopierbereich wird von Inpaint automatisch, anhand des gewählten Markierungsbereichs vorgeschlagen. Sie können sowohl den Markierungs- als auch den Kopierbereich jederzeit ändern. Die grundsätzliche Vorgehensweise ist dabei für alle Werkzeuge gleich.

Nach dem Start von Inpaint befindet sich das Programm immer in dem Modus „setzen von Markierungsbereichen".

Um den daraus resultierenden Kopierbereich auch individuell anpassen zu können, müssen Sie den Markierungsmodus umschalten.

Am unteren Ende der Werkzeugleiste 2 befinden sich zwei Schaltflächen, rot und grün, mit denen Sie bestimmen, welche Art Markierung gesetzt wird.

Drücken Sie auf die rote Schaltfläche, setzten die verschiedenen Markierungswerkzeuge rote Markierung, also Bildteile, die entfernt werden sollen. Dieser Modus ist die Voreinstellung von Inpaint.

Drücken Sie auf die grüne Schaltfläche, setzten die Markierungswerkzeuge die grünen Markierungen des Kopierbereichs.

Rote und grüne Markierungen können nicht nur gesetzt, sondern auch entfernt werden. Drücken  Sie hierzu auf die Radierer-Schaltfläche. Anschließend können Sie mit dem Radierer-Werkzeug beliebige Markierungen (rote und grüne) wieder entfernen.

Die nachfolgenden Beispiele zeigen das Zusammenspiel zwischen den beiden roten und grünen Schaltflächen zum Setzen von Markierungs- und Kopierbereichen sowie zum Einsatz des Radierers.

Drücken Sie nun auf die grüne Schaltfläche  und markieren Sie den Bereich ![pencil], der links vom Stein liegt, vergrößern Sie den Kopierbereich, das heißt den Bereich, aus dem Inpaint die Bildteile berechnet, die anstelle des Markierungsbereichs verwendet werden sollen.

Sie sollten immer erst die roten Markierungen setzten, da nach jeder neuen roten Markierung Inpaint einen neuen Kopierbereich berechnet und anzeigt. Sollten Sie zwischenzeitlich eigene Kopierbereiche definiert haben, wären diese Definitionen verloren.

Das Beispiel verdeutlicht dies. Nachdem zusätzlich der Stein rot markiert wurde (zum Entfernen markiert), ist der vorher gesetzte grüne Bereich nicht durch eine neue  grüne Markierung ersetzt worden.

Drücken Sie auf die Schaltfläche ![undo] auf der Werkzeugleiste 1, um die letzte Operation zu rückgängig zu machen und Sie erhalten Ihre ursprüngliche Markierung (mit zwei grünen Bereichen) wieder. Um eine gesetzte Markierung bewusst zu löschen, können Sie das Radierer-Werkzeug (![eraser]) verwenden, dass, je nach verwendeter rot/grün Schaltfläche, rote oder grüne Markierungen wieder löscht. Die Größe des Radierers wird über den Schieberegler in Werkzeugleiste 1 eingestellt.

Drücken Sie jetzt auf das Radierer-Werkzeug () und anschließend auf die grüne Schaltfläche ( ). Wählen Sie eine Werkzeuggröße von 150. Ziehen Sie dann einen „Strich" in den linken grünen Bereich und Sie sehen, dass dort die Markierung wieder verschwindet.

Doch **Vorsicht** – wenn Sie eine rote Markierung löschen, wird der Kopierbereich neu aufgebaut. Genauso, als hätten Sie eine neue rote Markierung gesetzt. Dabei werden vorher manuell gesetzte Kopierbereiche gelöscht und müssen neu gesetzt werden.

Drücken Sie auf die Schaltfläche ⟲ auf der Werkzeugleiste 1, um die letzte Operation zu rückgängig zu machen und Sie erhalten Ihre ursprüngliche Markierung (mit zwei voll ausgefüllten grünen Bereichen) wieder.

Drücken Sie nun auf die Inpaint Starttaste () und der Inpaint Vorgang wird gestartet. Schon nach wenigen Sekunden sehen Sie das Ergebnis vor sich – die gelbe Plastikente ist verschwunden.

Sollten Sie mit Ihrem Ergebnis nicht zufrieden sein, drücken Sie auf die Schaltfläche , um die letzte Aktion zurückzunehmen. Anschließend erscheint wieder Ihre Markierung mit dem gewählten Kopierbereich.

Führen Sie die gewünschten Korrekturen an der Maske und/oder dem Kopierbereich durch und drücken Sie erneut auf die Start-Schaltfläche . Wiederholen Sie den Vorgang so oft, bis Sie das für Sie optimale Ergebnis erzielen.

Drücken Sie auf (Normalansicht), damit das ganze Bild angezeigt wird.

Um das fertige Bild zu speichern, drücken Sie im Menü auf *Datei* und anschließend *Speichern unter*. Sie können auch direkt auf der Werkzeugleiste auf das Symbol 💾 (speichern) drücken, um den *Speichern unter* Dialog aufzurufen.

Objekte mit dem Lasso-Markierungswerkzeug markieren

Wenn Sie nur einfache Objekte aus einem Bild entfernen müssen, können Sie aus die Freihand-Auswahl, das sogenannte Inpaint Lasso verwenden, um Objekte zu markieren.

Wählen Sie in der Werkzeugleiste 2 das Inpaint Lasso-Werkzeug. Drücken Sie dafür auf die Schaltfläche 🔍 und umranden Sie die Ente, die aus dem Bild entfernt werden sollen.

Während Sie ein Objekt umranden, sehen Sie eine dünne schwarze Linie. Sie zeigt Ihre äußere Objektmarkierung an.

Sowie Sie die Maustaste loslassen, wird der umrahmte Bereich markiert und der Kopierbereich definiert. Anschließend können Sie ihn entfernen.

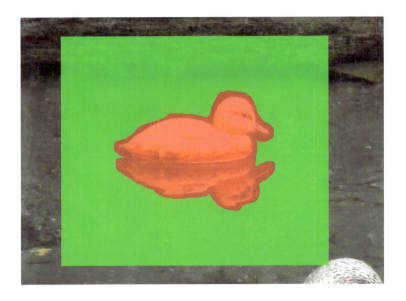

Sollten Sie nur eine grüne Markierung erhalten, haben Sie wahrscheinlich nach Ihrer letzten Aktion vergessen, die rote Schaltfläche (⬤) zu drücken, um den Markierungsbereich zu setzten. Drücken Sie dann einfach die rote Schaltfläche und markieren Sie den Bereich erneut.

Diese Methode Objekte zu markieren funktioniert immer dort besonders gut, wo eine genaue Abgrenzung des markierten Objektes zu seiner Umgebung nicht zwingend erforderlich ist, oder wenn das zu entfernende Objekt nicht zu groß ist.

Objekte mit dem Polygon-Markierungswerkzeug markieren

Das Polygon-Markierungswerkzeug  wird auf ähnliche Weise verwendet, wie das Lasso-Werkzeug.

Der Hauptunterschied besteht darin, dass Sie mit dem Polygon-Werkzeug einzelne Markierungs-Punkte setzen, die von Inpaint automatisch mit einer Markierungs-Linie versehen werden.

Sowie Sie Ihre Markierung wieder mit dem Anfangspunkt verbunden haben, wird das Objekt automatisch vollständig markiert und ein Kopierbereich bestimmt.

Wenn Sie nun den Inpaint Prozess mit der Schaltfläche ▶ Inpaint starten, wird die Ente aus dem Bild entfernt.

Diese Funktion ist in der Regel genauer als die Lasso-Funktion. Bei komplexen Objekten ist das Inpaint Markierungswerkzeug meist jedoch besser geeignet.

Objekte mit mehreren Werkzeugen markieren

Die Markierungs-Werkzeuge können auch gemeinsam verwendet werden. Es ist zum Beispiel möglich, mit dem Inpaint Markierungswerkzeug die äußeren Bereiche eines Objekts sauber zu markieren, und die innenliegenden Flächen mit dem Lasso auszuwählen. Das nachfolgende Beispiel verdeutlicht dies:

1. Setzen Sie mit dem Inpaint Markierungswerkzeug den äußeren Rand des zu entfernenden Objekts.

2. Verwenden Sie nun das Lasso-Werkzeug, und ziehen Sie einen Kreis, innerhalb der vorher gesetzten roten Markierung.

3. Wenn Sie den Kreis mit dem Lasso-Werkzeug schließen und anschließend die Maustaste wieder loslassen, wird die gesamte Ente markiert und ein entsprechender Kopierbereich bestimmt.

Diese Kombination unterschiedlicher Inpaint Werkzeuge kann natürlich auch beim Setzen des Kopierbereichs verwendet werden.

Gesamten Kopierbereich auf einmal löschen

Ab Inpaint Version 6.1 ist es auch möglich, den von Inpaint vorgegebenen Kopierbereich auf einmal zu löschen (die grüne Markierung löschen).

Drücken Sie hierzu einfach die Tastenkombination Umschalten + Entfernen (Shift+Del). Anschließend können Sie einen eigenen Kopierbereich definieren.

Beispiel:

Markieren Sie die Ente und ihren Schatten im Wassre.

Anschließend berechnet Inpaint den automatischen Kopierbereich und markiert ihn.

Drücken Sie nun *Umschalten + Entfernen* (Umschalten festhalten und auf Entfernen drücken) und die grüne Markierung verschwindet, damit Sie den Kopierbereich manuell setzen können. Diese Funktion werden Sie in Lektion 2 näher kennen lernen.

Lektion 2: Schrittweise entfernen

Werden große oder komplexe Objekte entfernt oder sollen mehrere Objekte aus einem Bild gelöscht werden, müssen Sie in einzelnen Schritten vorgehen, um das gewünschte Ergebnis zu erzielen.

Der wichtigste Vorteil beim schrittweise Entfernen von Objekten ist die Möglichkeit den Kopierbereich, für jeden auszuschneidenden Bereich, genau zu bestimmen.

Ziehen Sie das Foto der zweiten Lektion auf die Inpaint Arbeitsfläche.

Ein typisches Problem beim Fotografieren von Tieren in Tierparks und Zoos sind die Zäune, die oftmals den ungetrübten Blick auf die Tiere verhindern.

Inpaint ist hervorragend dafür geeignet, Zäune und ähnliche störende Objekte aus Fotos zu entfernen.

Da der Zaun vor vielen verschiedenen Hintergründen liegt, ist es erforderlich, die einzelnen Elemente in einzelnen Schritten zu löschen. Andernfalls können ungewollte Störungen auftreten.

Das nachfolgende Beispiel, in dem versucht wird den gesamten Zaun in einem Schritt zu löschen, demonstriert dieses Problem.

Beispiel: Der gesamte Zaun wird markiert...

...und in einem Schritt entfernt.

Zwar kann Inpaint den Zaun vollständig entfernen, aufgrund des extrem großen und sehr unterschiedlich strukturierten Kopierbereich, ist das Ergebnis jedoch nicht zufriedenstellend (das jeweilige Ergebnis wird bei Ihnen, aufgrund des nicht 100% identischen Markierungs- und Kopierbereich ggf. etwas anders aussehen, die Probleme werden aber dieselben sein):

Bei genauerer Betrachtung sind eine Reihe von Bildfehlern zu finden. Beispielsweise:

 Der Schnabel des Vogels wurde nur unzureichend rekonstruiert. Wo vorher der Zaun sichtbar war, zeigt sich nun Wasser.

 Auch der Hals des Vogels zeigt Fehler. Auf seiner hinteren Seite (links), wo vorher der Zaun verlief, ist der Hals unschön ausgefranst.

 Der mittlere Teil des Körpers (Übergang weiß/schwarz) wurde ebenfalls nicht korrekt aufgebaut. Hier sind größere Lücken zu finden.

 In das Schilfrohr, das im Vordergrund stehend vom Zaun verdeckt wurde, ist ein Teil des Vogelgefieders kopiert worden (der schwarze Fleck).

Andere Fehler sind zum Teil subtiler, da sie nicht immer sofort ins Auge fallen.

Einige dieser Fehler wurden im nachfolgenden Beispiel besonders hervorgehoben.

Dieses Beispiel zeigt, dass komplexerer Objekte in mehreren Schritten entfernt werden sollten.

In dieser Lektion wird die Objektentfernung in vielen Einzelschritten gezeigt. Dadurch sollen auch weniger erfahrene Anwender die Möglichkeiten von Inpaint einfacher kennen lernen.

Nachdem Sie ihre ersten eigenen Bilder bearbeitet haben, werden Sie schnell erkennen, wo sie großflächig arbeiten können und in welchen Fällen das Entfernen in kleinen Schritten erfolgen muss.

Für die nachfolgenden Schritte wurde der Markierungsbereich mit dem Markierungswerkzeug in Größe 10 gesetzt. Die jeweiligen Kopierbereiche wurden ebenfalls mit dem Markierungswerkzeug, jedoch zumeist in Größe 30 definiert.

Hinweis: Vor Setzen der Kopierbereiche müssen die automatisch durch Inpaint vorgegebenen Kopierbereiche durch Drücken von *Umschalten + Entfernen* gelöscht werden.

 Im ersten Schritt markieren Sie nur das Stück Draht, rechts oben, oberhalb der Steine, da hier der Hintergrundbereich deutlich vom Rest des Bildes abweicht.

Drücken Sie auf die Inpaint Starttaste (▶ Inpaint), damit der Draht entfernt wird.

Als Nächstes markieren Sie den oberen horizontalen Draht ab den links liegenden Steinen, bis zum rechten Bildrand.

Achten Sie darauf, dass der Kopierbereich keine Steine enthält.

Danach markieren Sie den Drahtteil, der rechts vor den Steinen steht (inkl. dem Teil darunter, bei dem Steine durch das Wasser scheinen) und entfernen ihn.

Beim Markieren sollten immer nur Teilbereiche markiert werden. Ist eine Markierung nicht gelungen, kann dann bequem mit der Schaltfläche ◼ (zurück) die letzte Aktion rückgängig gemacht werden.

Nun wird der verbleibende Draht auf der rechten Seite markiert. Hierbei wurden die Drahtverbinder auch markiert, um sie nicht für die Rekonstruktion des entfernten Bildteils zu verwenden.

Für das Setzen des Kopierbereichs wurde die Werkzeuggröße auf 40 gestellt.

Am unteren Ende der roten Markierung wurde kein Kopierbereich definiert, um nicht die dortigen Gräser für den Bildaufbau zu verwenden.

Im nächsten Schritt werden die im Wasser befindlichen horizontalen Drähte auf der rechten Seite entfernt.

Hierbei muss bei den beiden unteren Drähten darauf geachtet werden, die Grashalme nicht zu erfassen, da sich diese vor dem Draht befindet.

Zum Definieren des Kopierbereichs wurde, das Poligon-Werkzeug von Inpaint verwendet.

Anschließend wurden mit dem Radierer-Werkzeug (Größe 10) die Grashalme- und Blätter (unten) aus dem Kopierbereich entfernt.

.

Im nächsten Schritt wird erst der obere Teil des rechten Drahts markiert und entfernt, danach – in einem separaten Schritt – der untere Teil des Drahtes.

Achten Sie darauf den Schnabel nicht in den Kopierbereich aufzunehmen.

Für Korrekturen eignet Sie hierbei auch der Radierer.

Die nachfolgenden Bilder zeigen die einzelnen Schritte, in denen die restlichen Teile des Drahts entfernt werden können:

So wird Schritt für Schritt der Zaun aus dem Bild entfernt.

Manchmal kann es sinnvoll sein, den Kopierbereich aus einer anderen Zone als das zu entfernende Objekt zu definieren, wie es im nachfolgenden Beispiel links geschieht. So wird der rekonstruierte Bereich nicht zu gleichförmig, was bei einem zu kleinen Kopierbereich unter Umständen passieren könnte.

Beim Entfernen des Zauns aus dem Vogelkörper, sollte der Kopierbereich keine Wasserfläche enthalten, da diese nicht für die Rekonstruktion mit einbezogen werden soll

Im rechten Beispiel (oben) wurde der Bildausschnitt vergrößert, die Inpaint Markierung mit Werkzeuggröße 5 und der Kopierbereich mit Werkzeuggröße 15 gesetzt.

Der Kopierbereich muss nicht notwendigerweise neben dem ausgeschnittenen Objekt liegen, sondern kann auch in anderen Bildbereichen definiert werden.

Achten Sie darauf den Kopierbereich jeweils so zu begrenzen, dass er keine Bereiche enthält, die definitiv nicht für die Rekonstruktion des ausgeschnittenen Bereichs verwendet werden dürfen.

Mit zunehmender Erfahrung in der Objektentfernung werden Sie selber erkennen, in welchen Schritten Sie zum gewünschten Ergebnis kommen.

Kleinigkeiten, wie der untere Draht, der vor vielen verschiedenen Vorder- und Hintergründen steht, können sich als besonders knifflig bei der Entfernung herausstellen.

Hierbei werden oftmals mehrere Versuche benötigt, bis das gewünschte Ergebnis erzielt wurde.

Vergleichbare Bereiche, die in dieser Lektion in einzelnen Schritten entfernt wurden, können Sie auch zusammen entfernen, um so schneller zu einem Ergebnis zu gelangen.

Nachdem Sie alle Einzelschritte vollzogen haben, erhalten Sie ein Bild, in dem der störende Zaun verschwunden ist.

Allerdings gibt es an dieser Stelle noch 2 störende Bildfehler, die noch entfernt werden müssen.

Auf der linken Seite befindet sich ein Schatten über dem Baumstumpf und im Wasser, während oben eine harte Kante, im Übergang zwischen Gras und Wasser ersichtlicht ist.

Beide Fehler lassen sich schnell und einfach korrigieren.

Für den Gras/Wasser Übergang kann auch der automatische Kopierbereich gewählt werden.

Nachdem diese Fehler und ggf. andere störende Bereiche korrigiert wurden, findet sich kein Hinweis mehr auf den Gitterzaun, der den Bildeindruck vorher gestört hat.

Um das fertige Bild zu speichern, drücken Sie entweder im Menü auf *Datei* und anschließend *Speichern unter*, oder drücken direkt auf das Symbol 💾 (speichern) in der Werkzeugleiste, um den *Speichern unter* Dialog aufzurufen.

Lektion 3: Arbeiten mit Hilfslinien.

Eine besondere Herausforderung ist das Entfernen von Objekten, die vor Übergängen verschiedener Hintergründe stehen. Hier kann es vorkommen, das Inpaint Bildteile aus dem falschen Hintergrundbereich einfügt.

In dieser Lektion wird das folgende Beispielfoto verwendet:

Die Aufgabe in dieser Lektion ist das Entfernen der Person im obigen Bild. Da die Person an verschiedenen Stellen vor unterschiedlichen Hintergrundbereichen steht, sollte die Inpaint Funktion *Hilfslinien* zum Entfernen verwendet werden.

Das nächste Beispiel verdeutlicht das grundsätzliche Problem:

Durch die gesetzte Markierung soll der Oberkörper der Person aus dem Bild entfernt werden. Dabei steht der Oberkörper vor verschieden strukturierten Hintergründen.

Während Kopf und Schulter überwiegend vor den Büschen stehen, steht der Rest des Oberkörpers vor einer Rasenfläche.

Das Ergebnis der zeigt dann auch deutliche Probleme in der Rekonstruktion des Übergangs zwischen Büschen und Rasen, wo Kopf und Oberkörper der Person standen.

Obwohl der Übergang zwischen Büschen und Rasen eigentlich gerade sein sollte, ist im Ergebnisbild in diesem Übergang ein deutlicher Zacken zu erkennen.

Wenn dieser Übergang als Profillinie dargestellt wird, ist der „Zacken-Effekt" noch deutlicher zu erkennen.

Inpaint bietet für dieses Problem die Funktion der sogenannten *Hilfslinien* an.

Hilfslinien sind eine Möglichkeit zusammenhängende Hintergrundbereiche zu verbinden, um zu verhindern, dass diese Hintergrundbereiche falsch rekonstruiert werden.

Mit der Schaltfläche  (zurück) wird die letzte Aktion widerrufen, die Markierung aber beibehalten.

Über die Schaltfläche (Hilfslinien) wählen Sie nun die Hilfslinien-Funktion.

Setzen Sie jetzt eine Hilfslinien entlang des Übergangs zwischen Büschen und Rasen gesetzt (während Sie die Hilfslinie ziehen, müssen Sie die linke Maustaste gedrückt halten).

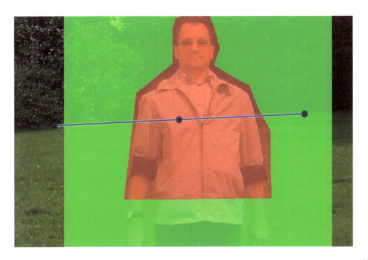

Starten Sie nun den Inpaint Vorgang, wird der Übergang zwischen Büschen und Rasen sauber wiederhergestellt.

Zwar ist in diesem Beispiel die eigentliche Hintergrund-Rekonstruktion noch nicht ganz perfekt, doch dies kann bequem in einem weiteren Arbeitsschritt korrigiert werden. Man kann jedoch deutlich erkennen, dass die Übergangslinie zwischen Rasen und Büschen dank der Hilfslinien gerade ist.

Ein Blick auf die Übergangsprofile mit und ohne Hilfslinien verdeutlicht den Effekt.

Ohne
Hilfslinien

Mit
Hilfslinien

Die Hilfslinie verbindet die Rasenkante und verhindert, dass Bereiche von der einen Seite der Hilfslinie auf die andere Seite kopiert werden.

    Am Anfang und am Ende jeder Hilfslinie sind

größere runde Punkte. Bewegen Sie die Maus über einen dieser Punkte verändert sich der Mauscursor. Drücken auf die linke Maustaste, um die Hilfslinie nachträglich zu verändern (verschieben, vergrößern, verkleinern).

In der Mitte jeder Hilfslinie ist ein Kreis. Bewegen Sie die Maus auf diesen Kreis, verändert sich der Mauscursor in ein großes Kreuz. Klicken Sie nun auf die linke Maustaste, wird die entsprechende Hilfslinie gelöscht.

Nachdem der Oberkörper der Person aus dem Bild entfernt wurde, haben sich unschöne Kopiereffekte in die Rekonstruktion des Bildes eingeschlichen.

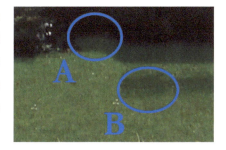

Dies lag an dem gewählten Kopierbereich, der den rechten unteren Schatten erfasste und bei der Rekonstruktion unsauber verlängert hat (siehe B im Bild unten). Auch wurde der Teil der Büsche, an dem sich vorher der Kopf befand nicht vollständig korrekt aufgebaut (siehe A im Bild unten).

Gerade beim Entfernen von Objekten vor unterschiedlich strukturierten Hintergründen werden diese Fehler immer wieder auftreten. Es gibt 2 Möglichkeiten damit umzugehen:

1. Sie entfernen die Objekte in kleineren Teilschritten.
2. Sie korrigieren die Bildfehler nachträglich.

Das nachträgliche Korrigieren von Bildfehler ist recht einfach. Vergrößern Sie den Bildausschnitt so, dass Sie beide Bildfehler zentral im Inpaint Arbeitsbereich sehen.

So lange Sie noch keine Markierung gesetzt haben, können Sie die Szenerie für das Setzen der Hilfslinien besser überblicken. Setzen Sie daher als Erstes die entsprechende Hilfslinie.

Markieren Sie den Bereich oberhalb der Mitte der Hilfslinie.

Wählen Sie dabei einen Kopierbereich, der etwa symmetrisch, rechts und links von der zu rekonstruierenden Stelle liegt. Drücken auf die Inpaint – Startschaltfläche.

Als nächstes Markieren Sie den unteren der beiden oberen Schatten und wählen Sie einen Kopierbereich, der ausschließlich aus Rasenfläche besteht.

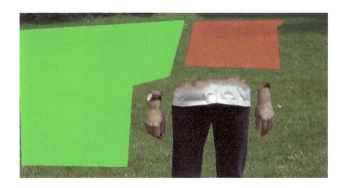

Drücken Sie auf die Inpaint-Starttaste und der Rest der oberen Körperhälfte ist verschwunden.

Setzen Sie nun eine Hilfslinie auf die Kante von Rasen und Straße, um die entsprechenden Hintergründe zu trennen.

Anschließend markieren Sie den Rest der Person. Dabei können Sie den Inpaint Kopierbereich unverändert übernehmen.

Starten Sie den Inpaint Vorgang und die Person ist vollständig aus dem Bild verschwunden.

Nach Abschluss des letzen Inpaint Vorgangs ist die Person vollständig und perfekt aus dem Bild entfernt.

Durch die Hilfslinien kann beim Entfernen von Objekten vor unterschiedlichen Hintergründen, einfach eine korrekte Rekonstruktion des Bildhintergrunds erreicht werden.

Lektion 4: Große Objekte vor komplexen Hintergründen entfernen.

In der vorherigen Lektion dieses Buches wurde ein Objekt in mehreren Teilschritten entfernt, da es vor einem komplexen Hintergrund stand. Diese Technik wird auch in dieser Lektion verwendet, bei der es um das Entfernen eines großen Objektes vor einem komplexen Hintergrund geht. Zusätzlich bedecken auch Bildteile, die nicht entfernt werden sollen, das zu löschende Objekt.

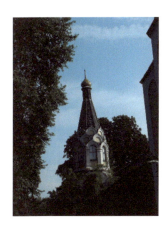

Bei diesem Bild soll der Turm vollständig entfernt werden. Dabei müssen verschiedene Punkte beachtet werden.

1. Der Turm steht vor verschiedenen Hintergründen.

2. Es gibt Sträucher vor dem Turm.

3. Die Dachkanten sind schräg.

In den ersten Teilschritten dieser Lektion werden zuerst die „einfachen" Bereiche des Turms entfernt, das heißt die Teile, die nicht vor komplexen Hintergründen stehen. Im weiteren Verlauf werden dann schrittweise die anderen Teile des Turms entfernt.

Ziehen Sie das Bild für die 4. Lektion in den Inpaint Arbeitsbereich.

Vergrößern Sie nun die Ansicht und zentrieren Sie die Turmspitze in der Bildmitte. Wählen Sie eine so große Vergrößerung, dass Sie bequem die einzelnen Bereiche der Turmspitze markieren können.

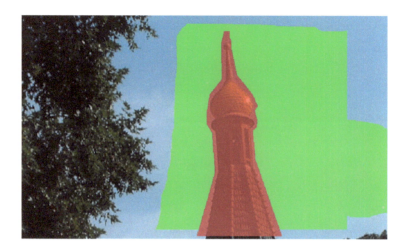

Markieren Sie den Bereich des Turms, der oberhalb der auf der rechten Seite stehenden Bäume liegt. Reduzieren Sie dabei den Kopierbereich oberhalb der Turmspitze und nehmen Sie dafür die wolkigen Bereiche rechts in den Kopierbereich auf.

Drücken Sie anschließend auf die Inpaint-Starttaste, damit die Turmspitze entfernt wird.

Nachdem der obere Teil des Turms entfernt wurde, folgt der mittlere Bereich, der nicht von anderen Objekten im Vordergrund verdeckt wird, entfernt.

Hierbei zeigt sich eine besondere Herausforderung, da der Kronenverlauf der Bäume hinter dem Turm nicht klar erkennbar ist und man daher eine eigene Gestaltung dieses Bereichs vornehmen muss.

Der Kopierbereich, aus dem die Bildteile für die Rekonstruktion des gelöschten Bildbereichs stammen, kann auch vollständig außerhalb des Markierungsbereichs liegen.

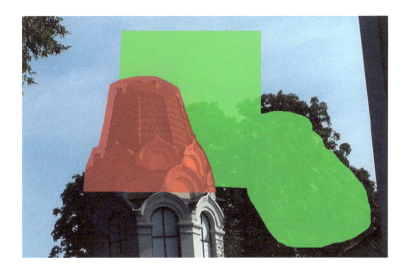

Wird der Kopierbereich zu klein gewählt, vor allem in Bezug auf den Markierungsbereich, kann es vorkommen, das einzelne Elemente des Kopierbereichs mehrfach für die Rekonstruktion verwendet werden. Daher sollte immer ein möglichst großer Kopierbereich gewählt werden.

Im nächsten Schritt werden all jene Teile des Turms entfernt, die von keinem Baum verdeckt werden.

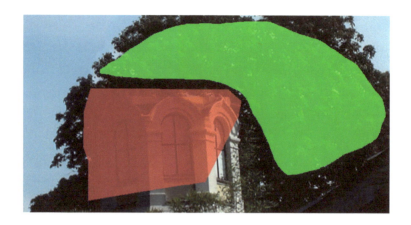

Der verbleibende Bereich des Turms ist teilweise von einzelnen Bäumen und Sträuchern bedeckt.

In solchen Situationen lässt es sich nicht vermeiden, dass im Vordergrund stehende Objekte ebenfalls gelöscht werden.

Die nachfolgende Lektion zeigt, wie Objekte in diesen Fällen möglichst optimal entfernt werden können.

Lektion 5: Objekte entfernen, die im Vordergrund teilweise verdeckt sind.

In der vorherigen Lektion wurden die Teile des Turms entfernt, die nicht von anderen Objekten bedeckt wurden. Das daraus resultierende Bild ist das Originalbild dieser Lektion.

Werden Objekte entfernt, die von anderen Bildteilen teilweise verdeckt sind, werden dabei zwangsläufig auch die verdeckenden Bildteile mit entfernt. Bei dem in dieser Lektion verwendeten Bild ist die kein Problem, da der entsprechende Hintergrund aus Bäumen besteht. Kleine Bildfehler fallen hier nicht auf und lassen sich einfach korrigieren.

Beim Entfernen verdeckter Objekte sollte für das Setzen des Markierungsbereichs eine große Vergrößerung gewählt werden. So ist es möglich genauer die Bereiche zu markieren die entfernt werden sollen und solche Bereiche, die stehen bleiben sollen, auszuschließen.

Markieren Sie zuerst den linken unteren Sockelbereich, der V-förmig zwischen zwei Büschen durchscheint.

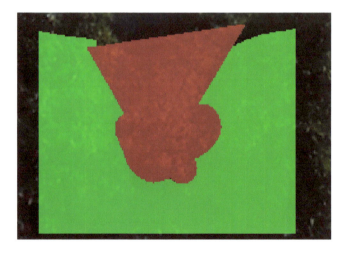

Achten Sie beim Setzen des Kopierbereichs darauf weder Sockelbereiche, noch zu dunkle Buschbereiche einzubeziehen. Der nächste Teil, der entfernt werden soll, ist der linke Bereich des Sockels, bis zu der Stelle, an der die Helligkeit stark ansteigt.

Anschließend wird der noch verbliebene linke Teil des Turms aus dem Bild entfernt. Dabei passiert es zwangsläufig, dass auch Teile des Baums, der im Vordergrund steht, gelöscht wird.

Es ist überhaupt kein Problem, auch mehrere unzusammenhängende Kopierbereiche zu definieren. Inpaint verwendet immer alle als Kopierbereich markierte Bereiche, zur Berechnung des neuen Bildabschnitts.

Wählen Sie für den Kopierbereich immer Bildteile, die aufgrund ihrer Beschaffenheit am besten für die Rekonstruktion des Markierungsbereichs geeignet sind. So wird das Ergebnis möglichst natürlich. Anschließend wird der links davon liegende Teil entfernt.

Der obere Teil des verbleibenden Turms wird vom linken Teil des Baums bedeckt. Als Kopierbereich wird daher der rechte Baumteil gewählt.

Um einen etwas gemischten Hintergrund an die Stelle des gelöschten Objekts zu rekonstruieren, werden mehrere Kopierbereiche definiert.

Die Größe der zu entfernenden Teilstücke richtet sich nach der Art des Hintergrunds. Je gleichmäßiger dieser ist, desto größere Bereiche können in einem Schritt gelöscht werden.

Dort wo ein zu entfernendes Objekt deutlich von einem anderen Vordergrundobjekt verdeckt wird, muss jeder Anwender selber entscheiden, wie der Markierungsbereich rekonstruiert werden soll.

Nun wird der linke Teil des Vorbaus entfernt. Achten Sie darauf, dass keine Teile der Mauer in den Kopierbereich gelangen.

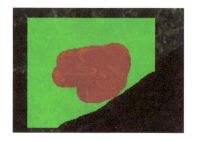

Um das letzte Stück des Turms zu entfernen, finden die Inpaint Hilfslinien Anwendung, um unterschiedliche Hintergrundbereiche, die gut abgrenzbar sind, zu markieren.

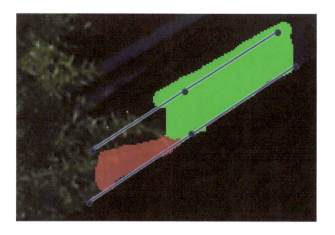

Setzen Sie die Hilfslinien an die Oberkante der Mauer, sowie die Oberkante der Fensterreihe. Auf diese Weise werden die verschiedenen Hintergrundbereiche abgegrenzt. Anschließend entfernen Sie die verbliebenden Bildteile.

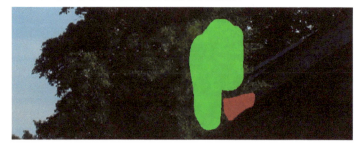

Nach diesem letzten Schritt ist der Turm vollständig aus dem Originalbild entfernt worden.

Sollten in der vergrößerten Ansicht einzelne Teile des Turms noch schwach durch die Bäume schimmern, können diese unter Umständen ignoriert werden, da sie in der Betrachtung des gesamten Bildes nicht weiter auffallen werden.

Lektion 6: Nachträgliche Bildoptimierung.

Nachdem in den Lektionen 4 und 5 der Turm auf dem Bild entfernt wurde, sind doch einzelne Stellen des Ergebnisbildes noch nicht optimal rekonstruiert.

In der Gesamtansicht des Bildes fallen diese Fehler nicht auf, doch können sie in der Vergrößerung gefunden werden.

Die folgenden Beispiele verdeutlichen dies:

Der Übergang zwischen den verschiedenen Bäumen ist etwas unsauber. Um dieses Problem zu beheben, wird die Übergangszone markiert und mit dem automatisch eingestellten Kopierbereich bearbeitet.

Diese so neu geschaffene Übergangszone sieht nun natürlicher aus, als vorher.

Achten Sie jedoch bei der Optimierung darauf nicht zu oft dieselben Bereiche zu ändern, da diese sonst zu weich gezeichnet bzw. zu unscharf werden.

Oberhalb der Bäume hat sich ein „Heiligenschein" gebildet.

Um dieses Geisterbild zu entfernen, markieren Sie es und wählen Sie einen Kopierbereich, der keine Bäume enthält.

Auf diese Weise können Sie alle kleineren und größeren Bildfehler und Farbanpassungsprobleme beheben.

Nachdem der Turm vollständig aus dem Bild entfernt wurde und die notwendigen nachträglichen Korrekturen durchgeführt wurden, deutet im Ergebnisbild nichts mehr auf die frühere Anwesenheit des Turms hin.

Lektion 7: Der Zauberstab

Der Zauberstab ist ein zusätzliches Werkzeug zum Markieren der zu entfernenden Objekte. Mit dem Zauberstab werden zusammenhängende Bereiche bzw. Objekte mit ähnlicher Farbgestaltung automatisch markiert. Dies spart gerade bei großflächig zu markierenden Objekten eine Menge Zeit.

Um die Zauberstab-Funktion näher kennenzulernen, laden Sie das bitte das Original Bild der 7. Lektion in Inpaint. Dieses Bild wurde auch schon in Lektion 3 verwendet.

Drücken Sie nun auf die Zauberstab-Schaltfläche ().

Der Cursor ändert sich vom Auswahlkreis auf ein Auswahlkreuz.

Anschließend sehen Sie die den Schieberegler für die Toleranz-Einstellungen.

Je höher der eingestellte Wert ist, desto mehr Bereiche werden bei jeder Benutzung des Zauberstabs markiert. Stellen Sie die Toleranz testweise auf den Wert 45.

Bitte beachten Sie, dass die Toleranzeinstellung immer in Bezug auf den angeklickten Bildbereich berechnet wird.

Obwohl die Jacke einfarbig ist, entstehen durch Schatten und Lichtbrechungen unterschiedliche Farbwerte, sodass ein Markieren mit dem Zauberstab an unterschiedlichen Stellen, auch unterschiedliche Markierungsergebnisse hervorbringt.

Die nachfolgenden Beispiele zeigen dies deutlich. Das schwarze **X** zeigt an, wo die Markierung mit dem Zauberstab gesetzt wurde. Die rote Fläche zeigt den durch den Zauberstab markierten Bereich an.

In den Beispielen sehen Sie, dass im rechten Bild nur ein sehr kleiner Teil durch den Zauberstab markiert wurde, während das linke Bild fast vollständig markiert wurde. Dies liegt an der jeweiligen „Ausgangsfarbe", d.h. der Farbe des Bereichs, den neben der Stelle liegt, in dem Sie mit dem Zauberstab klicken.

Da die Jacke dunkler ist, als das Hemd, fällt eine größere Fläche in den Toleranzbereich des Zauberstabs, als wenn das Hemd selber angeklickt wird. Dies liegt vor allem an der Farbe des Revers und des Reißverschlusses. Von der Jacke aus betrachtet sind die Farbunterschiede zum Revers geringer, als vom Hemd aus betrachtet. Der Reißverschluss, der auch aufgrund der Schattenbildung deutlich dunkler ist, wird in beiden Fällen nicht markiert.

So wie das normale Markierungswerkzeug, kann auch der Zauberstab immer wieder eingesetzt werden, um nacheinander verschiedene Flächen zu markieren.

Zusätzlich können detailreiche Bereiche oder Randzonen mit dem normalen Markierungswerkzeug markiert werden. Die rote Objektmarkierung bleibt beim Umschalten zwischen dem Zauberstab und dem Markierungswerkzeug erhalten.

Wird der Toleranzwert jedoch zu hoch eingestellt, können durch den Zauberstab auch Bereiche markiert werden, die nicht markiert werden sollten. In diesem Fall können Sie die falsch gesetzten Markierungen durch Drücken auf die Schaltfläche ◀, oder auf STRG+Z wieder löschen.

Das nachfolgende Beispiel zeigt die Markierung bei unterschiedlichen Tolerantwerten. Der Zauberstab wurde dabei immer auf die Mitte des Daumens angewendet.

Toleranz 20   Toleranz 40   Toleranz 60

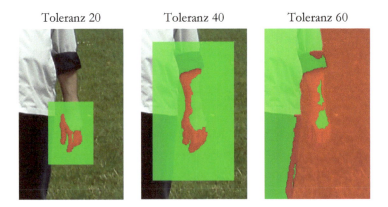

Während das Markieren kleinerer, oder komplexerer Objekte meist mit dem normalen Markierungswerkzeug erfolgen sollte, ist der Zauberstab vor allem für das Markieren großer Flächen geeignet.

Laden Sie das Originalbild der 7. Lektion erneut und wählen Sie den Zauberstab aus. Stellen Sie die Zauberstab-Toleranz auf 40. Drücken Sie anschließend auf den asphaltierten Weg, damit dieser vollständig markiert wird.

Danach können Sie noch mit dem normalen Markierungswerkzeug den Kanaldeckel markieren.

Im nächsten Schritt müssen Sie mit dem Inpaint Werkzeug den Übergang zwischen dem (ehemaligen) Weg und dem Rasen korrigieren.

Setzen Sie eine Markierung auf die Kante, bis an den Schatten, und wählen Sie einen Kopierbereich aus der Wiese.

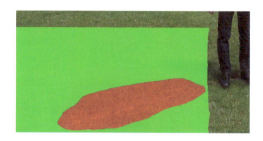

Das gleiche Verfahren wird für den Übergang auf der rechten Seite verwendet.

Dabei wurde der Bereich oberhalb des Übergangs etwas großzügiger markiert, da seine Helligkeit eine vernünftige Anpassung unnötig erschwert.

Zuletzt wird noch der Bereich am rechten Fuß, sowie zwischen den Beinen bearbeitet.

Drücken Sie auf  und im fertigen Bild deutet nichts mehr auf die asphaltierte Straße hin.

6. Surreale Bildkompositionen

Die eigentliche Funktion von Inpaint ist das Entfernen von beliebigen Objekten aus Bildern. Dabei wird der Bereich, in dem das entfernte Objekt stand, mit Texturen gefüllt, die aus Komponenten des Bildes (Kopierbereich) berechnet werden.

Diese Funktion kann man jedoch auch vollkommen anders nutzen, um damit ungewöhnliche und wirklich kreative Bildkompositionen zu erstellen.

Für das nachfolgende Beispiel, das diesen Effekt sehr schön demonstriert, wurde das Originalbild aus Lektion 3 dieses Buches verwendet.

7. Technische Daten von Inpaint 6

Inpaint 6 ist sowohl in einer Windows, als auch in einer Mac Version verfügbar. Nachfolgend finden Sie eine Übersicht der von Inpaint 6 unterstützten Betriebssystemen:

- Windows XP (32 & 64-Bit)
- Windows Vista (32 & 64-Bit)
- Windows 7 (32 & 64-Bit)
- Windows 8 und 8.1 (32 & 64-Bit)
- Mac OS X 10.6 oder höher (nur Intel CPUs!)

Darüber hinaus benötigt Inpaint auf Windows oder Mac OS Systemen:

- CPU mit min. 1 GHz Taktfrequenz
- Min. 256 MB RAM, besser 1 GB

Inpaint 6 kann die folgenden Dateiformate sowohl laden, als auch speichern:

- JPG, JPEG
- BMP
- TIF
- PNG

Dabei bleiben sowohl die META-Daten, als auch die Transparenzinformation der Bilder erhalten.

8. Weitere Inpaint Ressourcen im Internet

dadagoo bietet weitere Inpaint Ressourcen im Internet an.

Beispiel-Bilder aus diesem Buch

Unter   http://www.inpaint.de/trainingsbuch/bilder61.zip können Sie die in diesem Buch verwendeten Bilder herunterladen und für Ihre eigenen Versuche mit Inpaint verwenden.

Inpaint Homepage

Auf http://www.inpaint.de finden Sie die deutsche Inpaint Informationswebsite, mit vielen nützlichen Informationen, Beispielen und Inpaint Demo Videos.

Inpaint im User-Center Forum

Auf http://Forum.User-Center.com finden Sie das deutsche Forum zu Inpaint. Hier erhalten Sie Tipps und Tricks zu Inpaint und anderen Programmen sowie Antworten auf Ihre Fragen.

Ein letztes Wort des Autors

Aufbauend auf der Vorgängerversion wurde dieses Buch mit größtmöglicher Sorgfalt geschrieben.

Trotz mehrfachen Korrekturlesens und der automatischen Duden- und Word-Rechtschreibkontrolle ist es möglich, dass sich einzelne Fehler eingeschlichen haben.

Sollten Sie einen solchen Fehler finden, bin ich Ihnen über eine kurze Information an books@fatalin.com dankbar.

Ich freue mich auch über Ihre Anmerkungen, Anregungen und Kritiken, damit ich diese bei späteren Versionen dieses Buchs berücksichtigen kann.

Vielen Dank.

Ihr
Markus Fatalin

Ende

www.ingramcontent.com/pod-product-compliance
Lightning Source LLC
Chambersburg PA
CBHW041144050326
40689CB00001B/475